AF234681

Impressum
Verlag: BABADADA GmbH, Nedderfeld 112 , 22529 Hamburg
Geschäftsführer / Verlagsleitung: Harald Hof
Druck: Books on Demand GmbH, In de Tarpen 42, 22848 Norderstedt

Imprint
Publisher: BABADADA GmbH, Nedderfeld 112 , 22529 Hamburg, Germany
Managing Director / Publishing direction: Harald Hof
Print: Books on Demand GmbH, In de Tarpen 42, 22848 Norderstedt, Germany

makaranta
школа

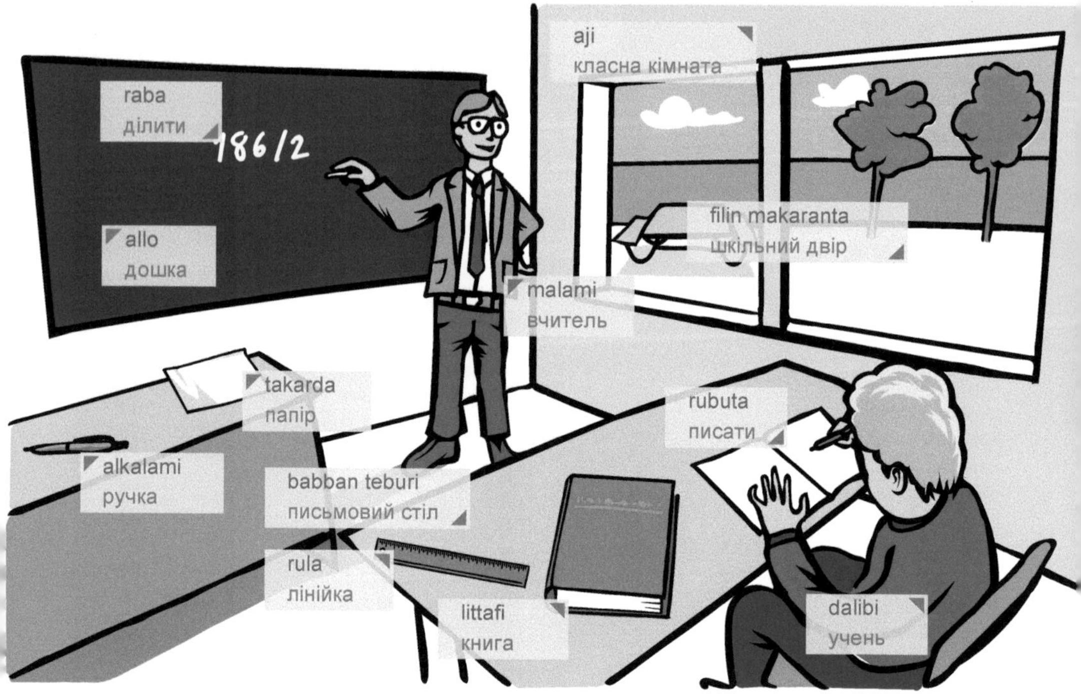

aji
класна кімната
raba
ділити
186/2
allo
дошка
filin makaranta
шкільний двір
malami
вчитель
takarda
папір
rubuta
писати
alkalami
ручка
babban teburi
письмовий стіл
rula
лінійка
littafi
книга
dalibi
учень

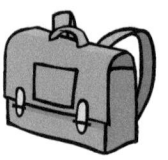

jakar makaranta

ранець

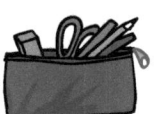

gidan fensir

пенал

fensir

олівець

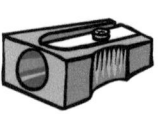

abin fike fensir

точило

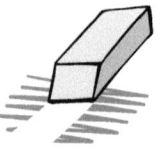

kilina

гумка

kwalin zane

альбом для малювання

zane

малюнок

burushin fenti

пензель

gwangwanin fenti

коробка фарб

almakashi

ножиці

gam

клей

littafi aiki

зошит

aikin gida

домашнє завдання

lamba

число

kara

додавати

debe

віднімати

yi sau

множити

kwakuleta

рахувати

wasika

літера

harafi

абетка

kalma

слово

rubutu

текст

karanta

читати

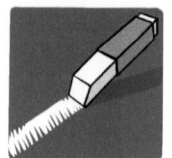

alli

крейда

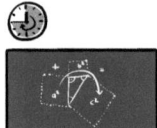

darasi

година

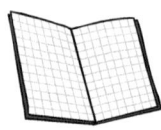

rijista

класний журнал

jarabawa

екзамен

satifiket

диплом

kayan makaranta

шкільна форма

ilimi

освіта

kundin ilimi

лексикон

jami'a

університет

madubin kimiyya

мікроскоп

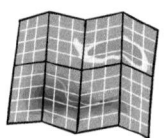

taswira

карта

kwandon shara

кошик для паперу

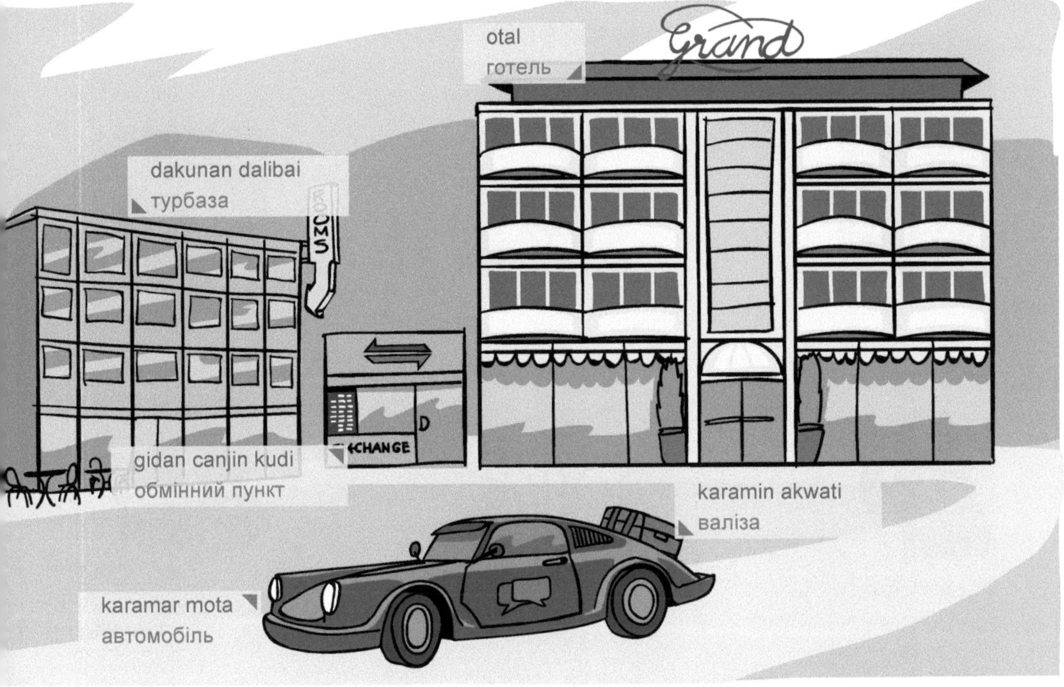

otal
готель
Grand
dakunan dalibai
турбаза
ROOMS
CHANGE
gidan canjin kudi
обмінний пункт
karamin akwati
валіза
karamar mota
автомобіль

yare

мова

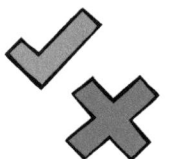

e/a'a

так / ні

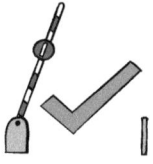

Ya yi

добре

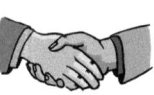

barka dai

привіт

mai fassara

перекладач

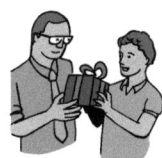

Na gode

дякую

nawa ne...?

Скільки коштує ...?

ban gane ba

Я не розумію

matsala

проблема

Barka da yamma!

Добрий вечір!

Ina kwana!

Доброго ранку!

barka da dare!

На добраніч!

sai an jima

До побачення

alkibla

напрямок

kaya

багаж

jaka

сумка

jakar goyawa

рюкзак

bako

гість

daki

кімната

jakar barci

спальний мішок

tanti

намет

bayanin dan yawon bude-
ido

туристична інформація

bakin ruwa

пляж

katin banki

кредитна картка

karin kumallo

сніданок

abincin rana

обід

abincin dare

вечеря

tikiti

квиток

daga

ліфт

hatimi

поштова марка

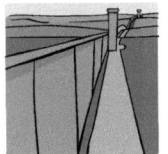

iyaka

межа

kudin fiton kaya

митниця

ofishin jakadanci

посольство

biza

віза

fasfo

паспорт

abin hawa

транспорт

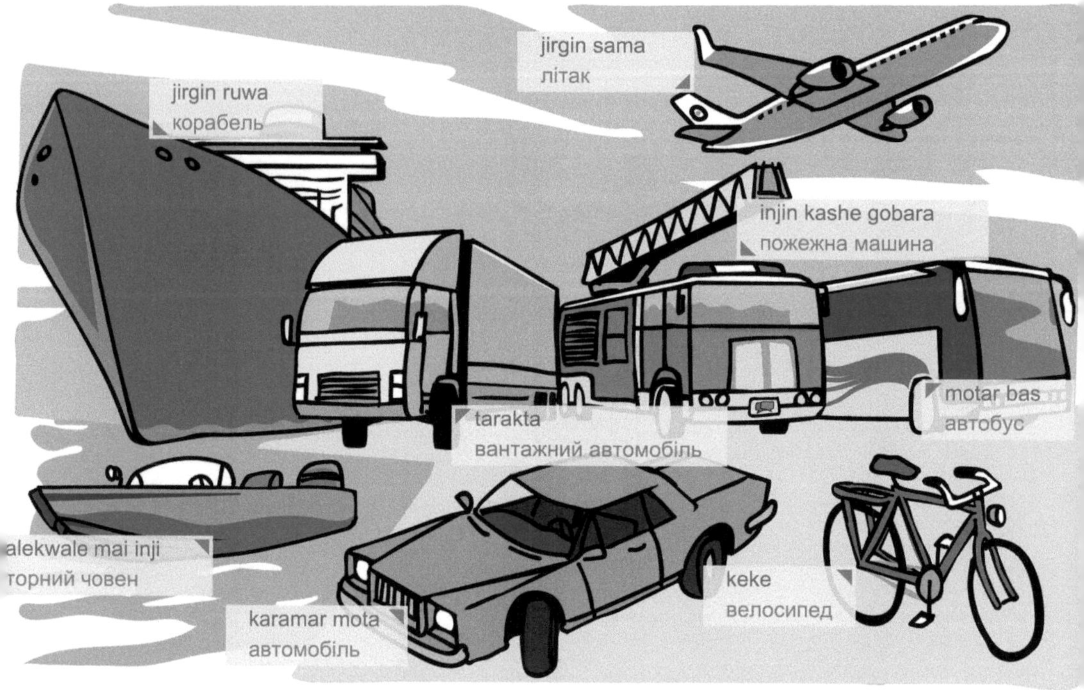

jirgin sama
літак
jirgin ruwa
корабель
injin kashe gobara
пожежна машина
motar bas
автобус
tarakta
вантажний автомобіль
alekwale mai inji
торний човен
keke
велосипед
karamar mota
автомобіль

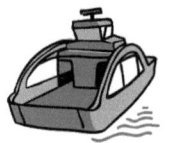

karamin jirgin ruwa

пором

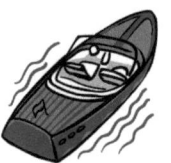

kwalekwale

човен

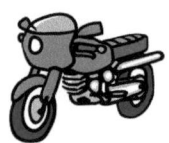

babur

мотоцикл

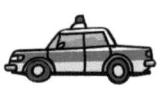

motar 'yansanda

поліцейська машина

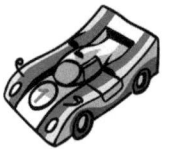

motar tsere

гоночний автомобіль

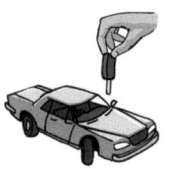

motar haya

автомобіль на прокат

tarayyar karamar mota

спільне користування авто

babbar mota da ta lalace

евакуатор

motar shara

сміттєвоз

mota

двигун

mai

паливо

gidan mai

автозаправна станція

alamar titi

дорожній знак

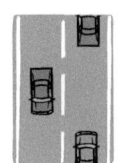

zirga-zirga

рух

cunkoson ababen hawa

затор

wurin ajiye mota

стоянка

tashar jirgin kasa

вокзал

filin tsere

рейки

jirgin kasa

потяг

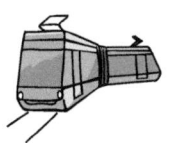

jirgin kasa mai kyabil

трамвай

keken doki

вагон

helikwafta

гелікоптер

filin jirgin sama

аеропорт

hasumiya

вежа

fasinja

пасажир

mazubi

контейнер

kwali

коробка

amalanke

візок

kwando

кошик

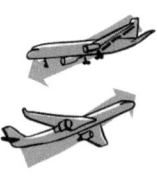

tashi / sauka

стартувати / приземлятися

birni

місто

kauye

село

tsakiyar birni

центр міста

gida

дім

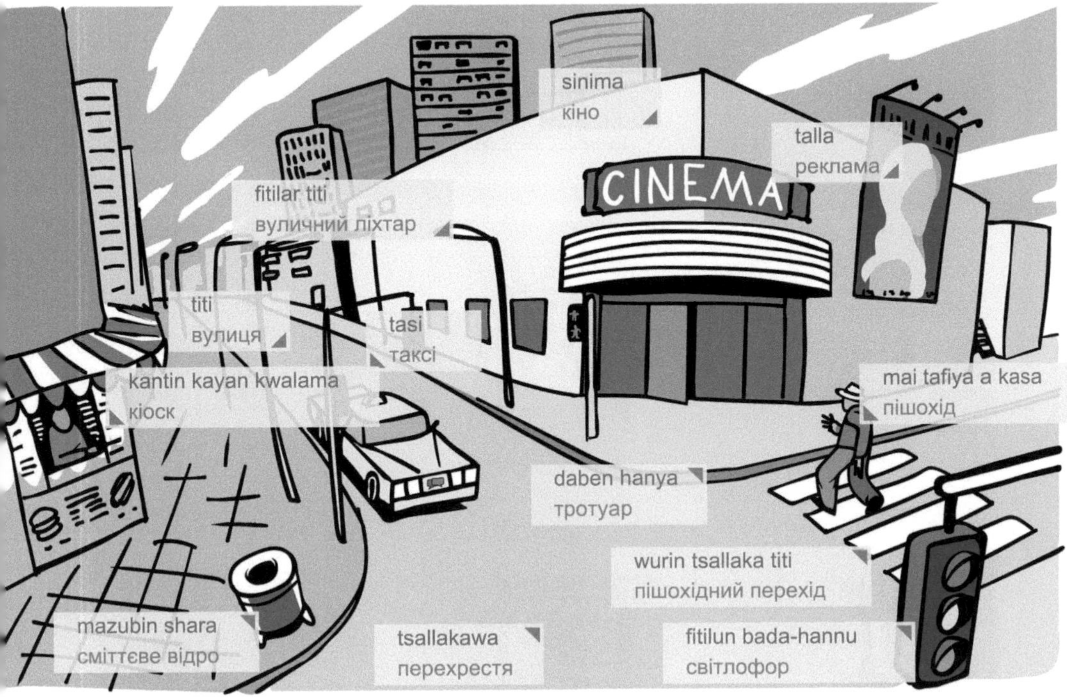

sinima
кіно

talla
реклама

fitilar titi
вуличний ліхтар

CINEMA

titi
вулиця

tasi
таксі

kantin kayan kwalama
кіоск

mai tafiya a kasa
пішохід

daben hanya
тротуар

wurin tsallaka titi
пішохідний перехід

mazubin shara
сміттєве відро

tsallakawa
перехрестя

fitilun bada-hannu
світлофор

bukka

хатина

shafaffe

квартира

tashar jirgin kasa

вокзал

dakin taro

ратуша

gidan kayan tarihi

музей

makaranta

школа

jami'a

університет

banki

банк

asibiti

лікарня

otal

готель

kantin magani

аптека

ofis

офіс

kantin littattafai

книжковий магазин

kanti

магазин

mai sayar da furanni

квітковий магазин

babban kanti

супермаркет

kasuwa

ринок

kanti mai sassa

універмаг

shagon sayar da kifi

торговець рибою

wurin sayayya

торговельний центр

matsayar jiragen ruwa

гавань

ma'ajiyar motoci

парк

benci

лава

gada

міст

kafar bene

сходи

karkashin kasa

метро

ramin karkashin kasa

тунель

matsayar bas

автобусна зупинка

mashaya

бар

gidan abinci

ресторан

akwatin sakonni

поштова скринька

alamar titi

вулична табличка

mitar ajiye motoci

лічильник паркування

gidan namun daji

зоопарк

kwamin iyo

басейн

masallaci

мечеть

gona

ферма

gurbata

забруднення навколишнього середовища

makabarta

кладовище

coci

церква

filin wasanni

дитячий майданчик

dakin bauta

храм

fadin kasa

ландшафт

ganye
листок

turken alama
вказівний стовп

hanya
шлях

makiyaya
луг

dutse
камінь

mai tattaki
мандрівник

bishiya
дерево

korama
річка

ciyawa
трава

fure
квітка

kwazazzabo

долина

tudu

гора

tafki

озеро

daji

ліс

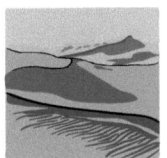

hamada

пустеля

amon dutse

вулкан

fada

замок

bakan-gizo

веселка

malafar jaki

гриб

bishiyar kwakwar manja

пальма

sauro

комар

kuda

муха

tururuwa

мурашка

zuma

бджола

gizo

павук

burgunguma

жук

kwado

жаба

kurege

вивірка

bushiya

їжак

zomo

заєць

mujiya

сова

tsuntsu

птах

agwagwar ruwa

лебідь

aladen daji

кабан

namijin barewa

олень

kanki

лось

dam

гребля

lantarki mai iska

вітряк

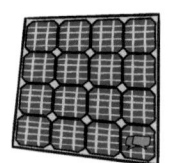

farantin hasken rana

сонячний модуль

yanayi

клімат

sabis
офіціант

jerin abinci
меню

kujera
стілець

miya
суп

fiza
піца

kyallen rufe tuburi
скатертина

wuka da cokula
столові прилади

makunni

закуска

babban abinci

друга страва

kayan zaki

десерт

kayan sha

напої

abinci

їжа

kwalba

пляшка

abincin tafi-da-gidanka

фаст-фуд

abincin titi

вулична їжа

tukunyar shayi

чайник

kwanon sikari

цукорниця

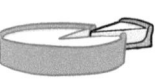

gutsire

порція

injin hada kofi

еспресо-машина

kujera mai tudu

високий стільчик

doka

рахунок

tire

піднос

wuka

ніж

cokali mai yatsu

вилка

cokali

ложка

cokalin shayi

чайна ложка

kyallen cin abinci

серветка

gilashi

склянка

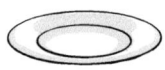

faranti

тарілка

farantin miya

тарілка для супу

farantin kofi

блюдце

hadin dandano

соус

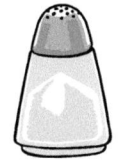

mazubin gishiri

солонка

abin nikan yaji

млин для перцю

lamurje

оцет

mai

масло

kayan dandano

спеції

miyar tumatir

кетчуп

mustad

гірчиця

mayonnaise

майонез

babban kanti

супермаркет

tayin musamman
пропозиція
FOR
abokin ciniki
клієнт
matatsar nono
молочні продукти
kayan marmari
фрукти
abin daukar kaya
візок для покупок

BUTCHERS

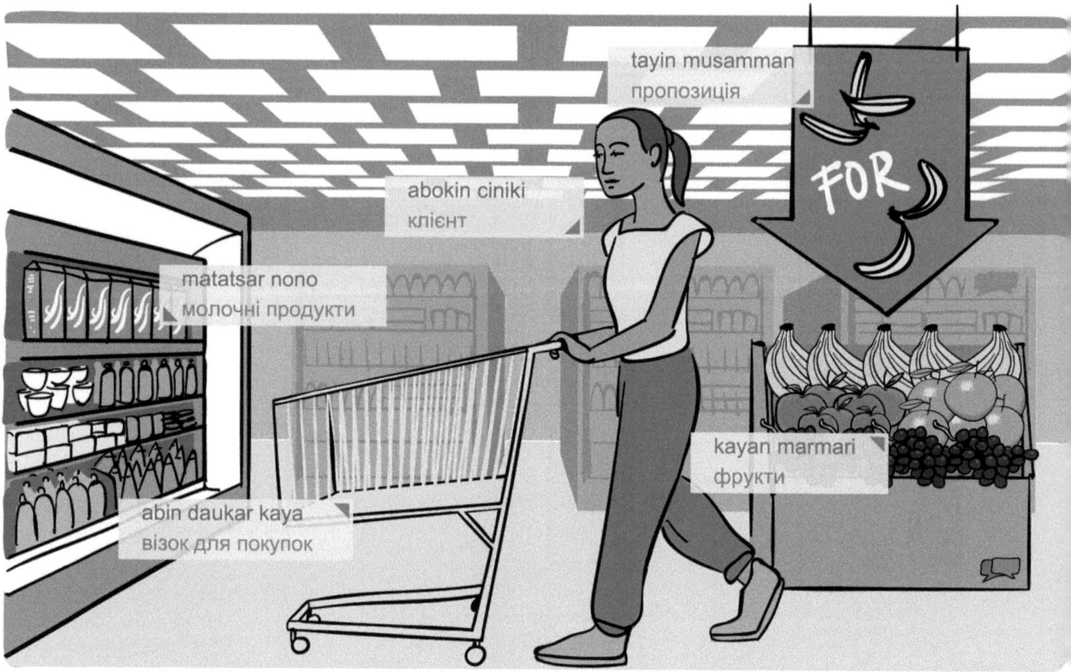

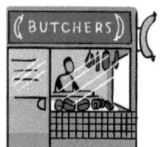

na mahauci

м'ясний магазин

BAKERY

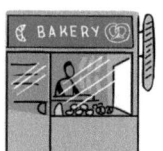

shagon mai burodi

пекарня

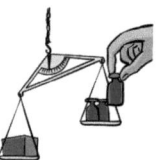

auna nauyi

зважувати

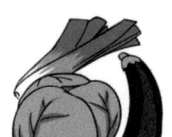

kayan lambu

овочі

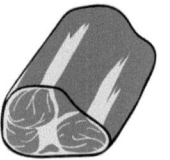

nama

м'ясо

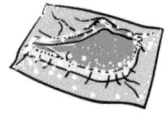

darkararren abinci

заморожені продукти

nama mai sanyi

ковбасна нарізка

abincin gwangwani

консерви

garin sabulun wanki

пральний порошок

alewa

солодощі

kayan amfanin gida

предмети домашнього побуту

kayan tsafta

мийний засіб

mai sayarwa

продавщиця

haro

каса

mai biyan kudi

касир

jerin kayan sayayya

список покупок

sa'o'in budewa

часи роботи

alabe

гаманець

katin banki

кредитна картка

jaka

сумка

jakar roba

поліетиленовий пакет

ruwa

вода

ruwan 'ya'yan itace

сік

madara

молоко

coke

кола

barasa

вино

giya

пиво

barasa

алкоголь

koko

какао

shayi

чай

kofi

кава

bakin kofi

еспресо

kofi mai madara

капучіно

ayaba

банан

tufa

яблуко

lemon zaki

апельсин

kankana

кавун

lemon tsami

лимон

karas

морква

tafarnuwa

часник

gora

бамбук

albasa

цибуля

kunnen-jaki

гриб

dangin gyada

горішки

dangin taliya

локшина

sufageti

спагеті

shinkafa

рис

man salak

салат

sala-sala

картопля фрі

soyayyen dankali

смажена картопля

fiza

піца

hambaga

гамбургер

sanwich

бутерброд

kwan nama

шніцель

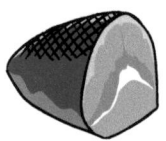

naman alade

шинка

salami

салямі

kilishin turawa

ковбаса

kaza

курка

gashi

печеня

kifi

риба

kamun oats

вівсяні пластівці

muesli

мюслі

kwamfiles

кукурудзяні пластівці

fulawa

борошно

fanke

круасан

yankan burodi

булочка

burodi

хліб

gashi

тостовий хліб

biskit

печиво

bota

масло

man shanu

сир

kek

пиріг

kwai

яйце

soyayyen kwai

яєчня

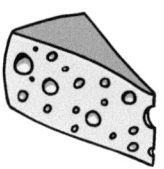

cuku

сир

askirim

морозиво

sikari

цукор

zuma

мед

jam

мармелад

cakuletin shafawa

нуга-крем

kori

карі

gona

ферма

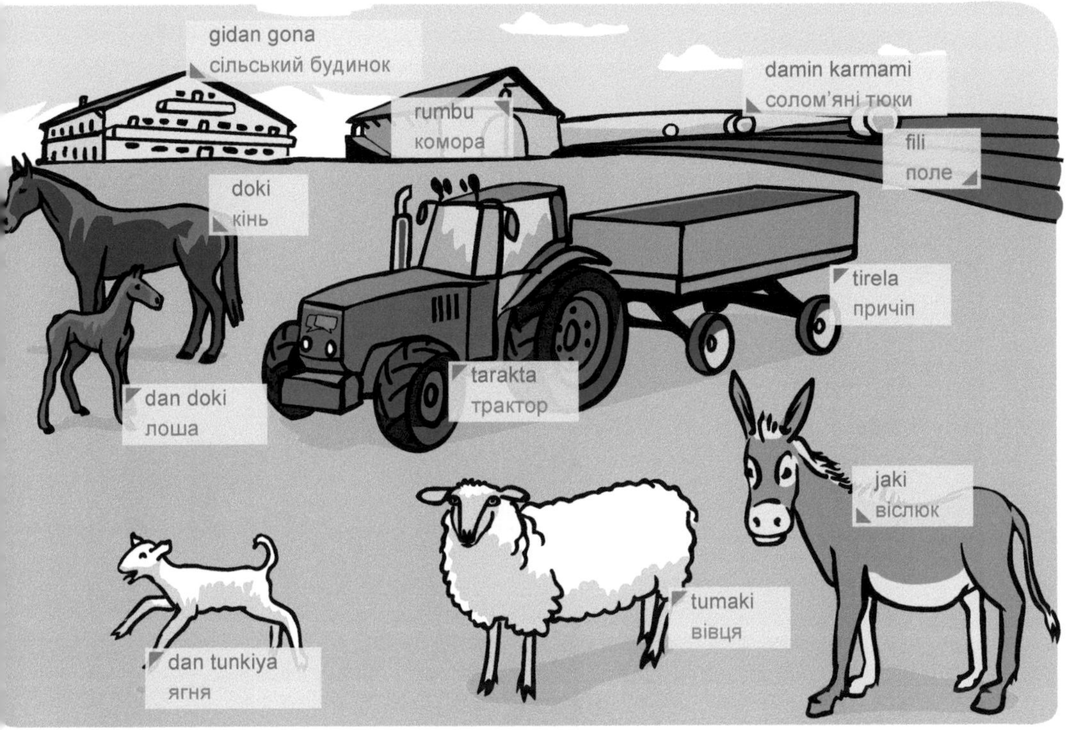

gidan gona
сільський будинок
damin karmami
солом'яні тюки
rumbu
комора
fili
поле
doki
кінь
tirela
причіп
tarakta
трактор
dan doki
лоша
jaki
віслюк
tumaki
вівця
dan tunkiya
ягня

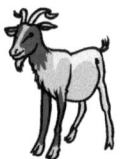

akuya

коза

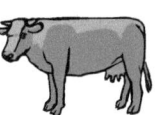

saniya

корова

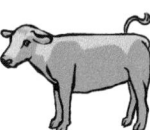

maraki

теля

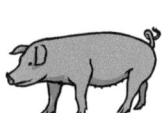

alade

свиня

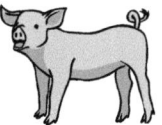

dan alade

порося

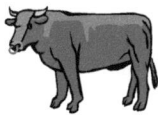

bajimi

бик

dinya

гусак

agwagwa

качка

dan tsako

курча

kaza

курка

zakara

півень

bera

щур

kyanwa

кіт

bera

миша

takarkari

віл

kare

собака

dakin kare

собача будка

bututun lambu

садовий шланг

bokitin ban-ruwa

лійка

ashasha

коса

garma

плуг

lauje

серп

fartanya

мотика

cebur mai yatsu

вила

gatari

сокира

wilbaro

тачка

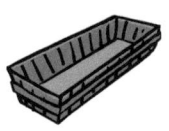

mazubin abincin dabbobi

корито

gwangwanin madara

бідон молока

buhu

мішок

shinge

паркан

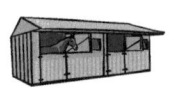

barga

хлів

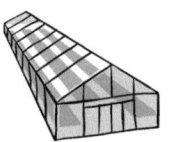

koren-gida

теплиця

rairai

ґрунт

iri

насіння

taki

добриво

injin girbi da sussuka

комбайн

girbe

пожинати

girbi

урожай

doya

корінь ямсу

alkama

пшениця

waken soya

соя

dankali

картопля

dawa

кукурудза

furen mai

ріпак

bishiyar kayan marmari

плодове дерево

rogo

маніок

hatsi

злаки

gida

дім

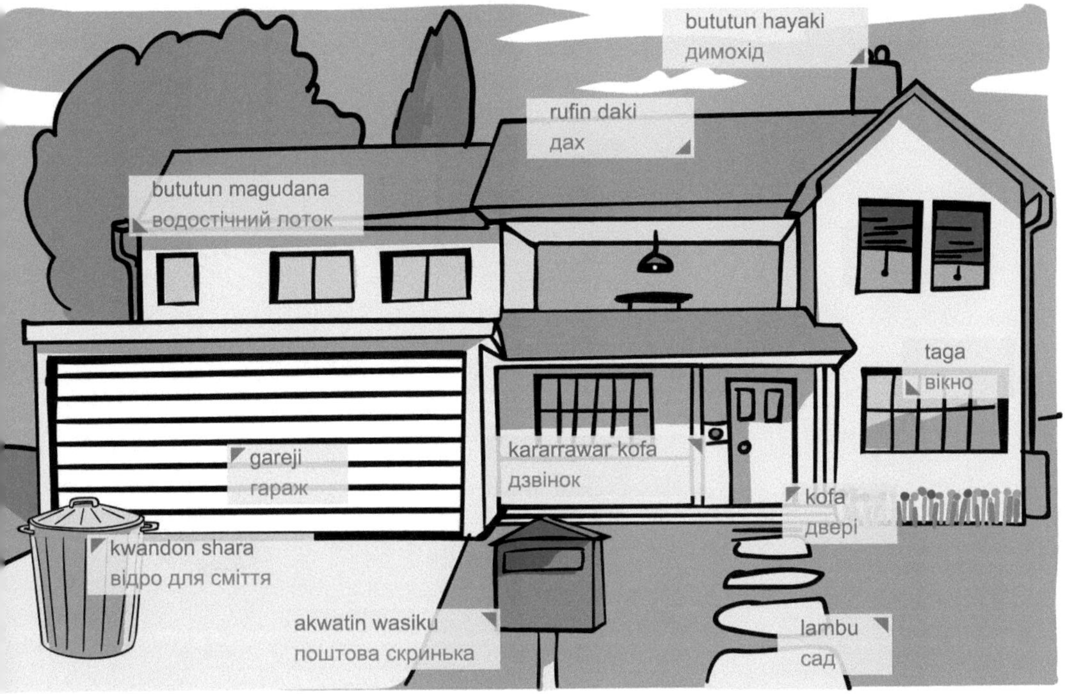
bututun hayaki
димохід
rufin daki
дах
bututun magudana
водостічний лоток
taga
вікно
gareji
гараж
kararrawar kofa
дзвінок
kofa
двері
kwandon shara
відро для сміття
akwatin wasiku
поштова скринька
lambu
сад

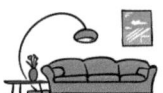

falo

вітальня

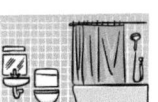

dakin wanka

ванна кімната

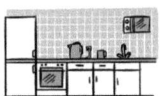

kicin

кухня

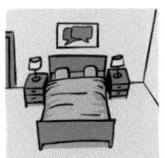

dakin kwana

спальня

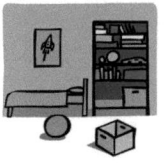

dakin yaro

дитяча кімната

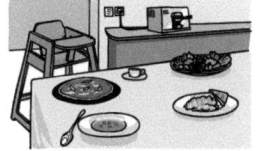

dakin cin abinci

їдальня

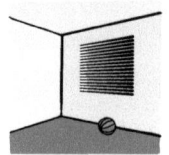

dabe

підлога

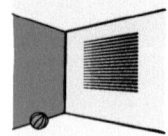

bango

стіна

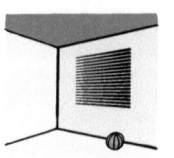

sili

стеля

dakin karkashin kasa

підвал

wurin wankan dumi

сауна

barandar bene

балкон

baranda

тераса

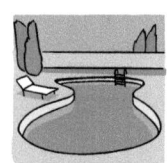

gulbin ninkaya

басейн

injin yanke ciyawa

косарка

kwano

простирало

zanen gado

ковдра

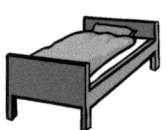

gado

ліжко

tsintsiya

мітла

bokiti

відро

makunni

перемикач

falo

вітальня

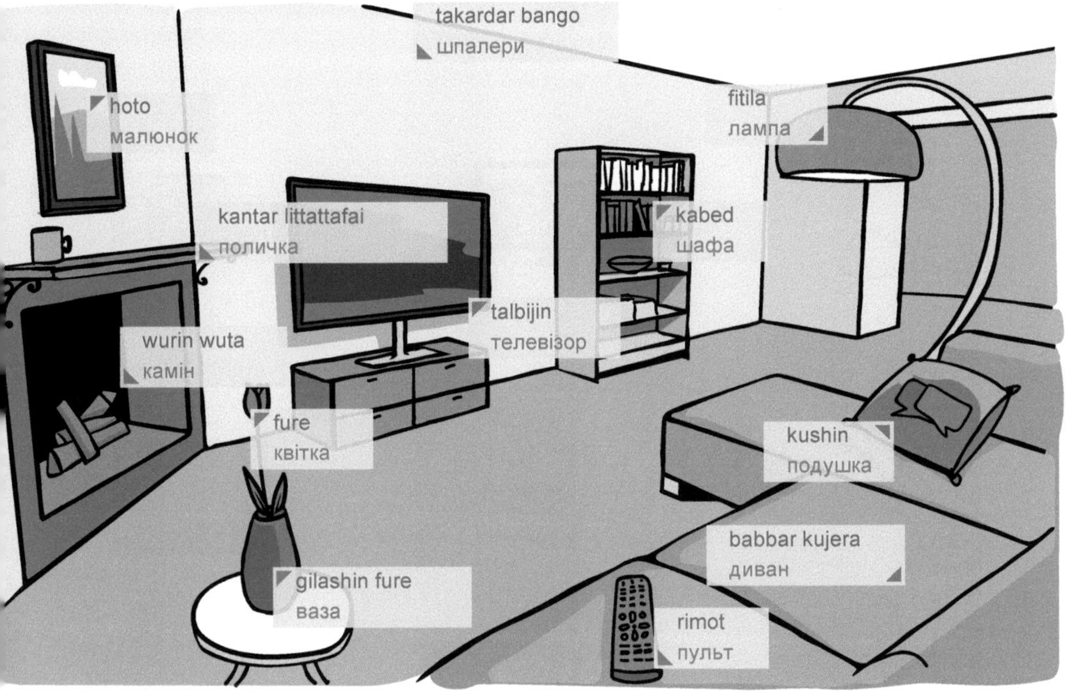

takardar bango
шпалери
hoto
малюнок
fitila
лампа
kantar littattafai
поличка
kabed
шафа
talbijin
телевізор
wurin wuta
камін
fure
квітка
kushin
подушка
babbar kujera
диван
gilashin fure
ваза
rimot
пульт

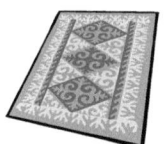

darduma

килим

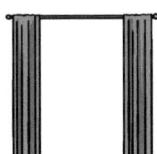

labule

завіса

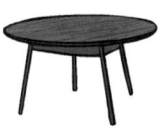

teburi

стіл

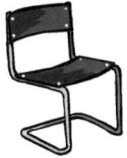

kujera

стілець

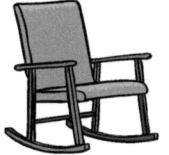

kujera mai shillo

крісло-гойдалка

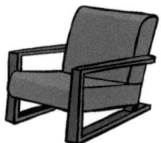

kujera mai hannu

крісло

littafi

книга

bargo

ковдра

kwalliya

прикраса

itacen girki

дрова

fim

фільм

kayan hi-fi

стереосистема

makulli

ключ

jarida

газета

zanen fenti

картина

fasta

плакат

rediyo

радіо

takardar rubutu

блокнот

na'urar share darduma

пилосос

murtsunguwa

кактус

kyandir

свічка

kicin
кухня

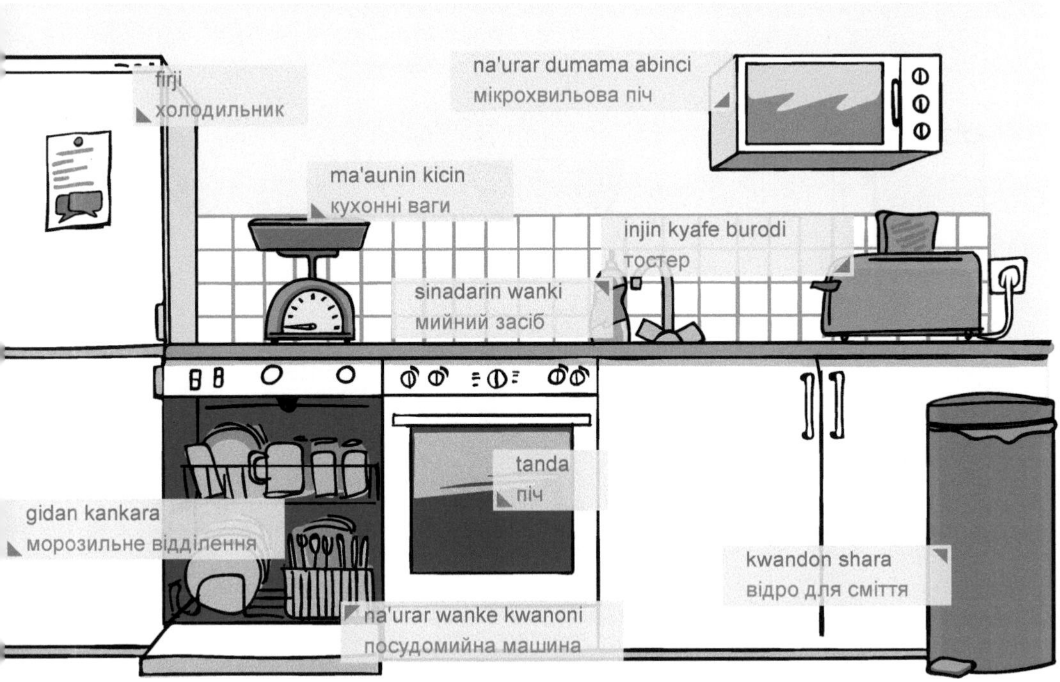

firji
холодильник
na'urar dumama abinci
мікрохвильова піч
ma'aunin kicin
кухонні ваги
injin kyafe burodi
тостер
sinadarin wanki
мийний засіб
tanda
піч
gidan kankara
морозильне відділення
kwandon shara
відро для сміття
na'urar wanke kwanoni
посудомийна машина

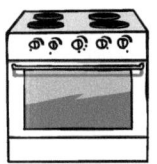

cooker
плита

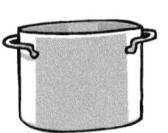

tukunya
горщик

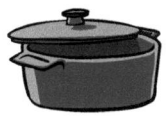

tukunyar alminiyum
чавунний горщик

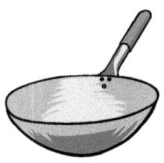

kwanon suya
вок / кадай

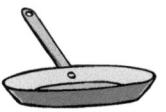

kwanan suya
сковорода

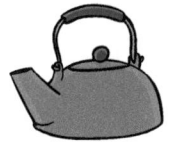

buta
чайник

tukunyar dumi

пароварка

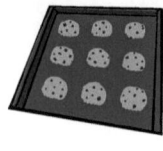

kwanan gashi

лист

kayan tangaran

посуд

tambulan

кухоль

kwano

чаша

tsinkayen cin abinci

палички для їжі

ludayi

черпак

ludayin suya

лопатка

makadin kwai

вінчик для збивання

rariya

сито

mataci

сито

na'urar nika

терка

turmi

ступка

balangu

барбекю

wutar sarari

багаття

katakon yanke-yanke

дошка

katakon murji

качалка

mabudin kwalba

штопор

gwangwani

конзерва

mabudin gwangwani

відкривачка

hannun tukunya

прихватки

wurin wanke-wanke

раковина

burushi

щітка

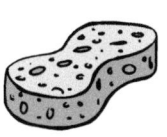

soso

губка

bilenda

міксер

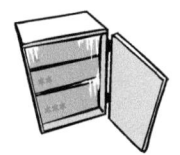

babban gidan kankara

морозильна камера

bulumboti

дитяча пляшка

famfo

кран

kicin - кухня

dakin wanka

ванна кімната

bada dumi
опалення
shaya
душ
tawul
рушник
labulen wanka
душова завіса
wankan kumfa
пiниста ванна
kwamin wanka
ванна
gilashi
склянка
injin wanki
пральна машина
famfo
кран
tayil
плитка
fo
горщок
wurin wanke-wanke
раковина

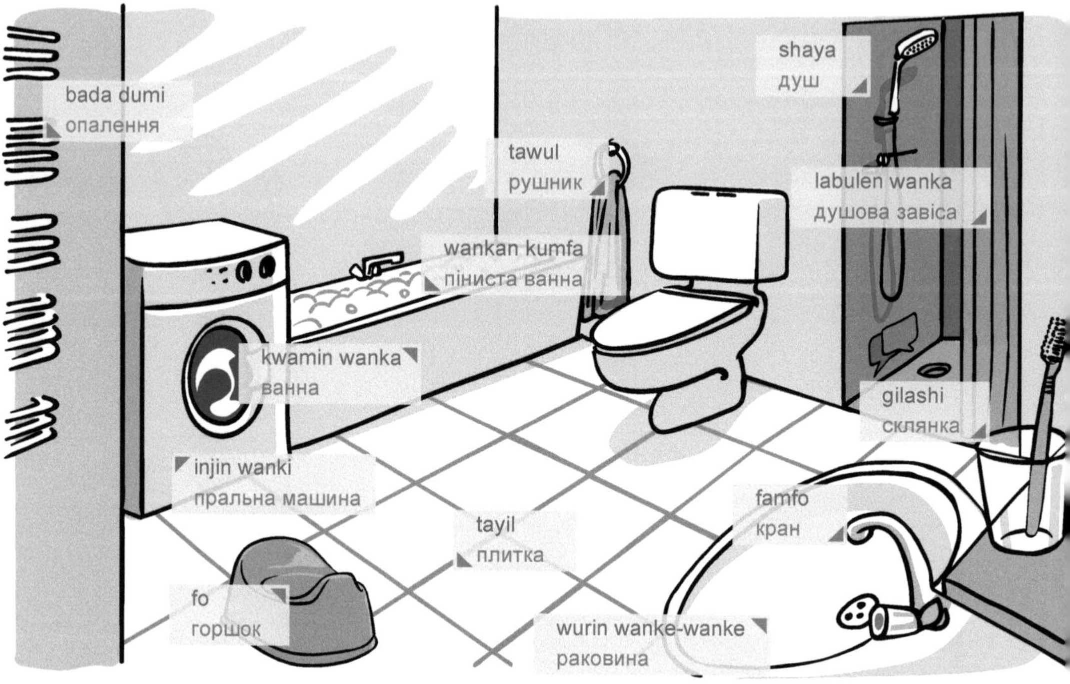

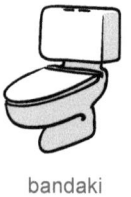

bandaki
....
туалет

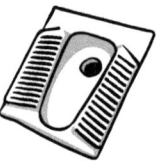

bandakin tsuguno
....
підлоговий туалет

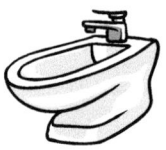

kwamin tsarki
....
біде

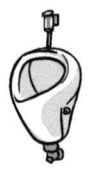

wurin fitsari
....
пісуар

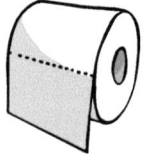

takardar bandaki
....
туалетний папір

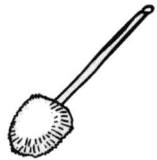

burushin bandaki
....
щітка для туалету

burushin hakori

зубна щітка

man hakori

зубна паста

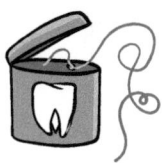

zaren sakace

нитка для чищення зубів

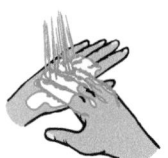

wanke

мити

shayar hannu

ручний душ

wankin farji

інтимний душ

kwamin wanke hannu

таз

burushin wanke baya

щітка для спини

sabulu

мило

ruwan sabulun wanka

гель для душу

man gyaran gashi

шампунь

tsumman wanka

мочалка

lambatu

водостік

kirim

крем

turaren kamshi

дезодорант

madubi

дзеркало

madubin hannu

косметичне дзеркало

reza

бритва

man yaran fuska

піна для гоління

man aski

лосьйон після гоління

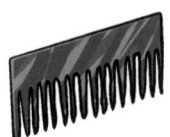

mataji

гребінь

burushi

щітка

na'urar busar da gashi

фен

man gashi

лак для волосся

kwalliya

косметика

jan-baki

губна помада

man farce

лак для нігтів

audugar goge kunne

вата

almakashin yankan farce

ножиці для нігтів

turare

парфум

jakar wanka

косметичка

bahaya

табурет

ma'aunin nauyi

ваги

rigar wanka

халат

safar roba

гумові рукавички

audugar haila

тампон

audugar mata

гігієнічні прокладки

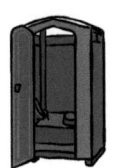

bandakin tafi-da-gidanka

біотуалет

dakin yaro

дитяча кімната

agogo mai kararrawa
будильник
yartsanar tsumma
м'яка іграшка
motar wasan yara
іграшковий автомобіль
kara
брязкальце
gidan 'yartsana
ляльковий будиночок
kyauta
подарунок

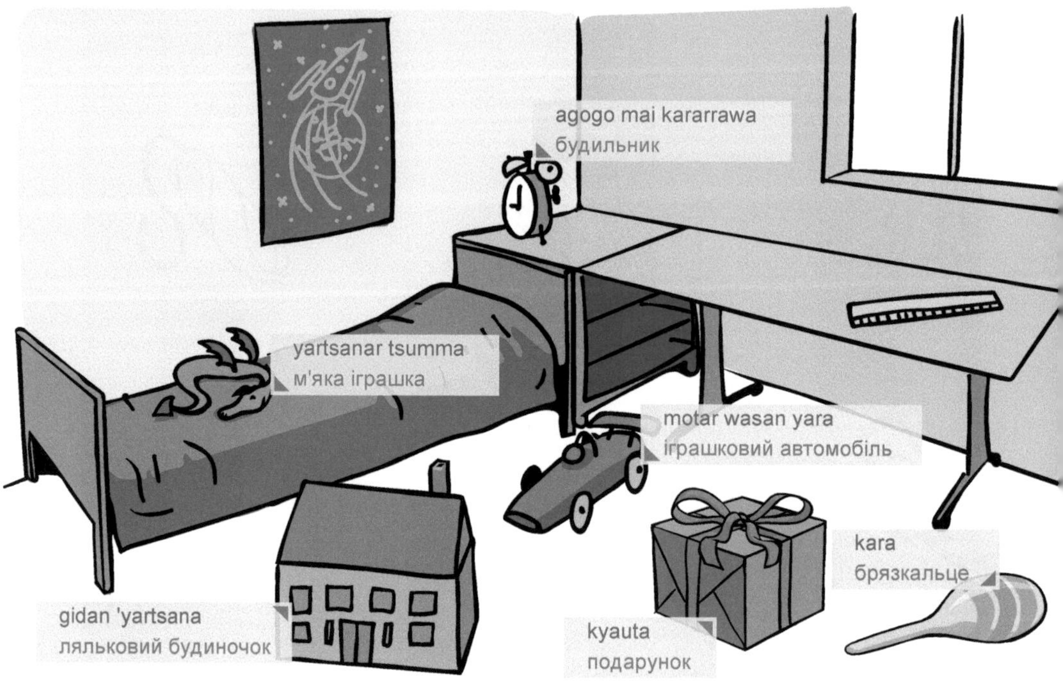

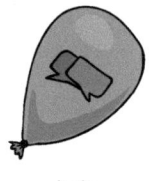

balo

повітряна кулька

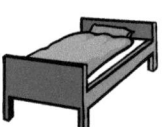

gado

ліжко

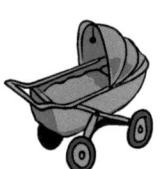

keken jarirai

дитячий візок

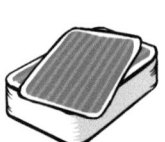

benen kwalaye

картярська гра

wasa kwakwalwa

пазл

SUPER
MEGA

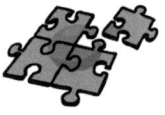

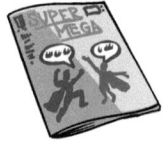

ban dariya

комікс

tubalan roba

лего цеглинки

tubalan gini

блоки

mutum-mai-aiki

іграшкова фігурка

rigar jariri

повзунки

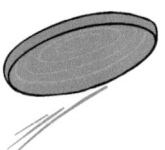

Dokin iska

фризбі

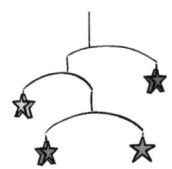

tafi-da-gidanka

мобіле

wasan dara

настільна гра

dan ludo

кубик

zubin kwatancin jirgin kasa

модель залізнична станція

mutum-mutumi

соска

walima

вечірка

littafi mai hotuna

книжка з картинками

kwallo

м'яч

yartsana

лялька

yi wasa

грати

akwatin yashi

пісочниця

lilo

гойдалка

kayan wasan yara

іграшка

allon wasannin bidiyo

гральна консоль

babur mai taya uku

триколісний велосипед

yartsanar tsumma

плюшевий мішка

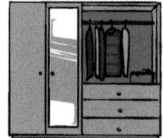

wadirob

шафа

tufafi

одяг

safa

шкарпетки

sitokins

панчохи

matse-jiki

колготки

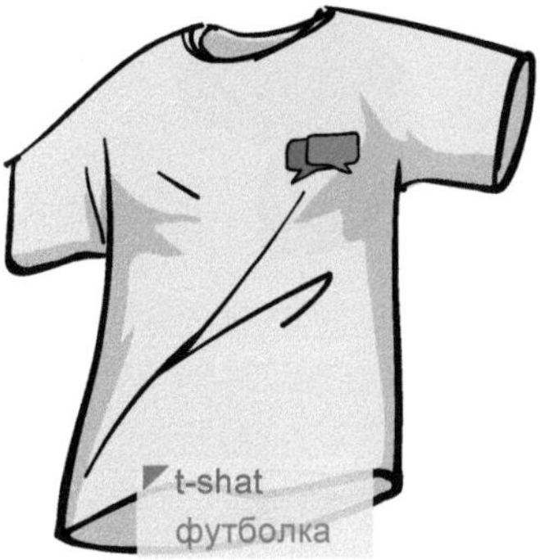

adiko
шарф

belet
ремінь

lema
парасоля

t-shat
футболка

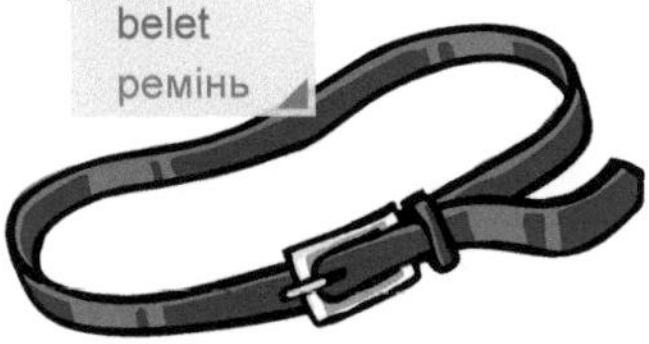

takalman wasa
кросівки

takalman aiki
чоботи

takalman silifas
домашнє взуття

takalman sandal
сандалі

takalma
взуття

takalman roba
гумові чоботи

kamfai
труси

rigar nono
бюстгальтер

falmaran
нижня сорочка

jiki

боді

wando

штани

jeans

джинси

dantofi

спідниця

rigar mata

блузка

karamar riga

сорочка

riga mai hula

пуловер

hular riga

светр

bileza

піджак

jaket

куртка

kwat

пальто

rigar ruwa

дощовик

kayan yayi

костюм

kayan sawa

сукня

rigar aure

весільна сукня

kwat da wando

костюм

rigar dare

нічна сорочка

kayan barci

піжама

sari

сарі

dankwali

головна хустка

rawani

чалма

hijabi

бурка

kaftani

кафтан

abaya

абая

rigar iyo

купальник

wandon wasa

плавки

gajeran wando

шорти

kayan wasanni

тренувальний костюм

kyallen aiki

фартух

safar hannu

рукавички

maballi

гудзик

tabarau

окуляри

awarwaro

браслет

tsakiya

ланцюг

zobe

кільце

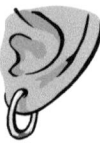

dan kunne

сережка

hula

шапка

maratayin kwat

плічка

malafa

капелюх

lakataya

краватка

zi

застібка-блискавка

hular kwano

шолом

masu daidaita hakori

підтяжки

kayan makaranta

шкільна форма

yunifom

уніформа

kyallen cin abincin jariri

....

нагрудник

mutum-mutumi

....

соска

kunzugu

....

підгузок

saba
сервер

kabed din fayiloli
шаф для документів

na'urar dab'i
принтер

takarda
папір

fuskar kwamfuta
монітор

babban teburi
письмовий стіл

mouse
миша

makunshi
папка

allon madannai
синтезатор

kwandon shara
кошик для паперу

kwamfuta
комп'ютер

kujera
стілець

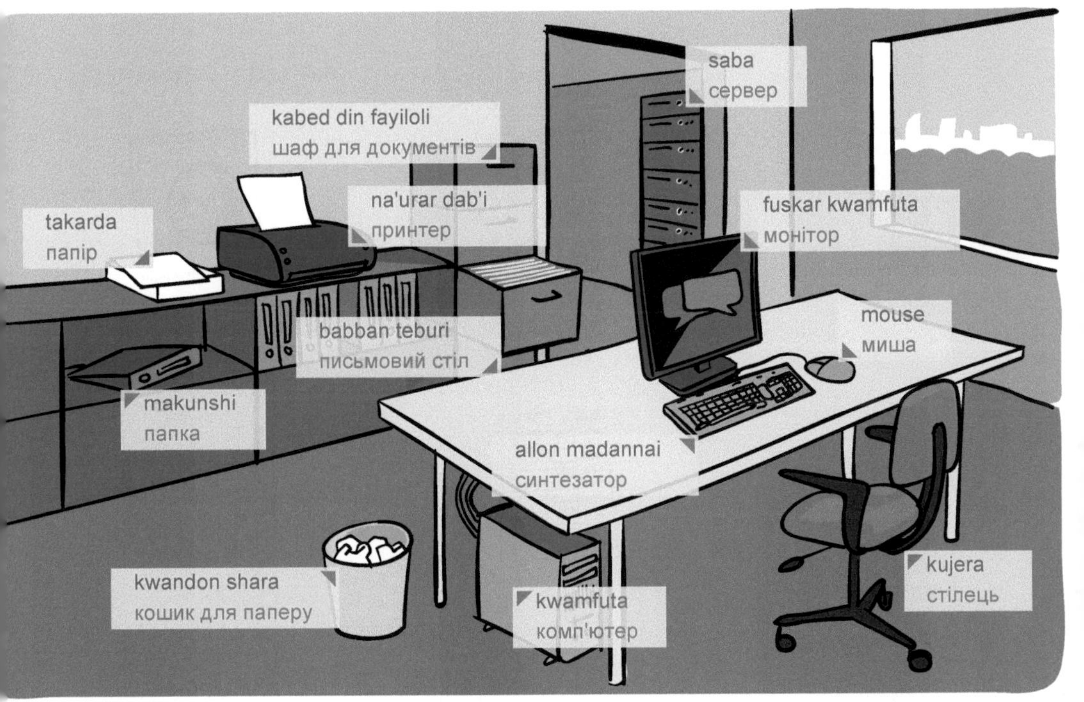

tambulan kofi

....

кавовий кухоль

kwakuleta

....

калькулятор

intanet

....

інтернет

laptop

ноутбук

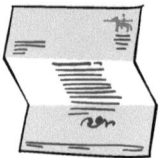

wasika

лист

sako

повідомлення

tafi-da-gidanka

мобільний телефон

sadarwa

мережа

na'urar hoton takarda

копіювальний пристрій

kwakwalwar kwamfuta

програмне забезпечення

tarho

телефон

jona soket

розетка

na'urar faks

факс

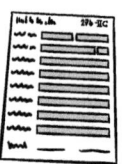

fom

бланк

daftari

документ

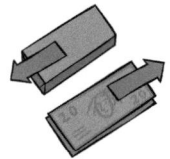

sayi

купувати

biya

платити

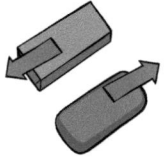

yi ciniki

торгувати

kudi

гроші

dala

долар

euro

євро

yen

ієна

robul

рубль

franc na Swiss

франк

renminbi yuan

юанів женьміньбі

rupee

рупія

injin bada kudi

банкомат

gidan canjin kudi

обмінний пункт

zinare

золото

azurfa

срібло

mai

нафта

makamashi

енергія

farashi

ціна

matuntuba

контракт

haraji

податок

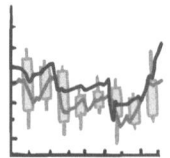

kaya

акція

yi aiki

працювати

ma'aikaci

працівник

mai daukar ma'aikata

роботодавець

masana'anta

фабрика

kanti

магазин

sana'o'i

професії

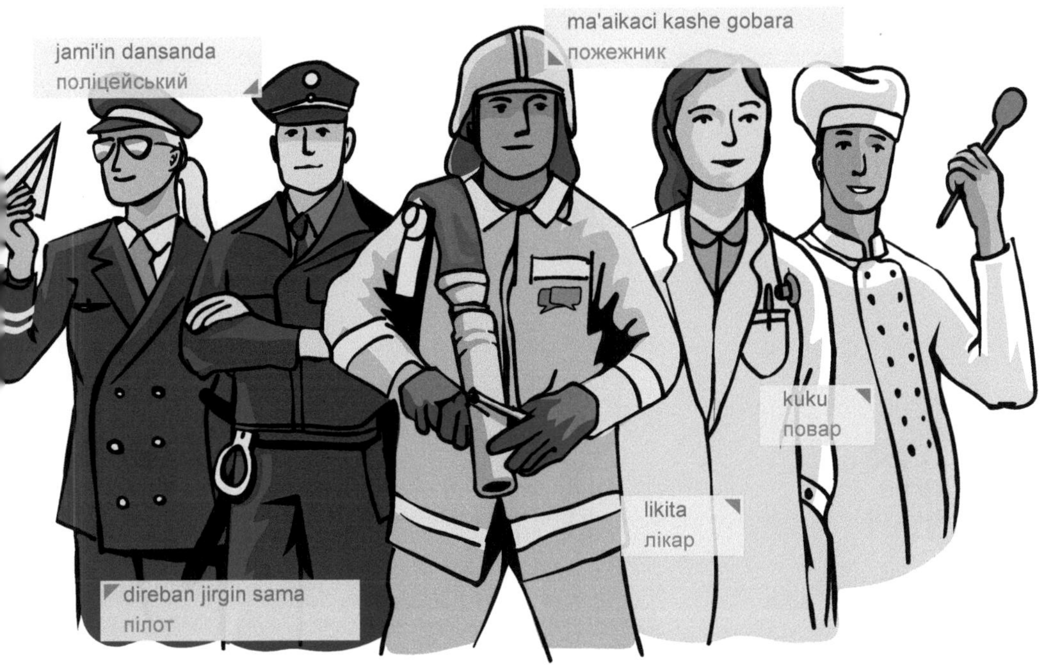

jami'in dansanda
поліцейський
ma'aikaci kashe gobara
пожежник
kuku
повар
likita
лікар
direban jirgin sama
пілот

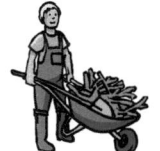

mai aikin lambu

садівник

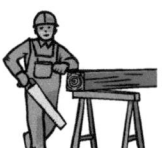

kafinta

столяр

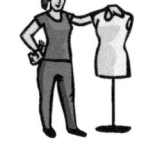

mace mai dinki

швачка

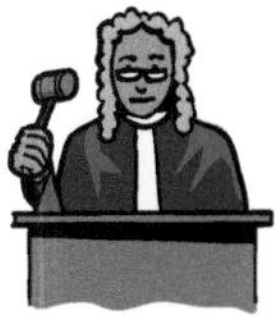

alkali

суддя

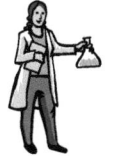

mai hada magunguna

хімік

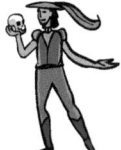

jarumi

актор

direban bas

водій автобуса

direban tasi

таксист

masunci

рибалка

mace mai shara

прибиральниця

mai aikin rufi

покрівельник

sabis

офіціант

mafarauci

мисливець

mai fenti

художник

mai yin burodi

пекар

mai gyaran lantarki

електрик

magini

будівельник

injiniya

інженер

mahauci

забійник

mai gyaran famfo

бляхар

mai raba wasiku

листоноша

soja

солдат

mai zayyanar gidaje

архітектор

mai biyan kudi

касир

mai sayar da furanni

флорист

mai gyaran gashi

перукар

mai kida

кондуктор

bakanike

механік

kyaftin

капітан

likitan hakori

дантист

masanin kimiyya

вчений

limamin yahudu

рабин

liman

імам

mai ibadar kirista

монах

malamin addini

пастор

kayan aiki
інструменти

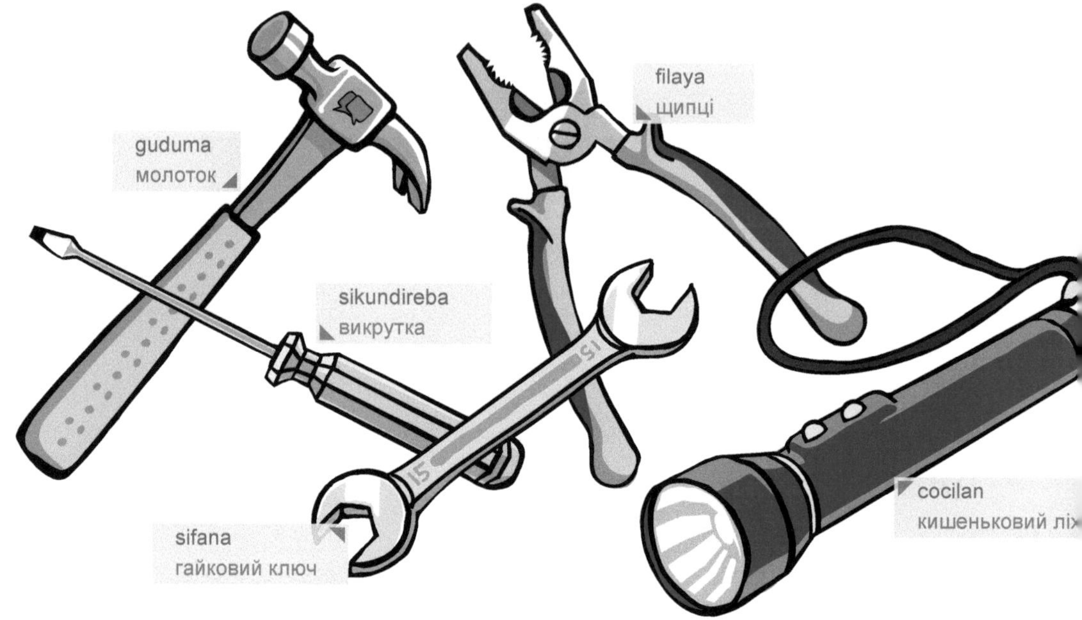

filaya
щипці
guduma
молоток
sikundireba
викрутка
sifana
гайковий ключ
cocilan
кишеньковий лі

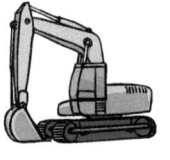

diga

екскаватор

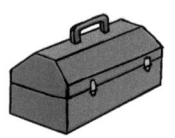

akwatin kayan aiki

ящик для інструментів

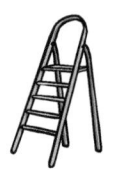

tsani

драбина

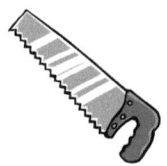

zarto

пилка

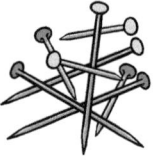

kusoshi

цвяхи

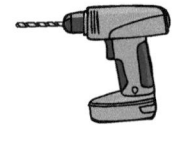

abin hudawa

свердло

gyara

ремонтувати

chebur

лопата

Tafdi!

лайно!

makwashin shara

совок

tukunyar fenti

відро з фарбою

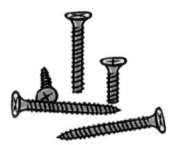

kusoshi masu barima

гвинти

kayan kida
музичні інструменти

tarkacen ganga
ударна установка

lasifika
динамік

jita
гітара

rubin sauti
контрабас

begila
труба

fiyano

фортепіано

goge

скрипка

karamin sauti

бас

gangunan timpani

литаври

ganguna

барабан

masarrafin fiyano

клавіатура

saxophone

саксофон

sarewa

флейта

makirfo

мікрофон

gidan namun daji

зоопарк

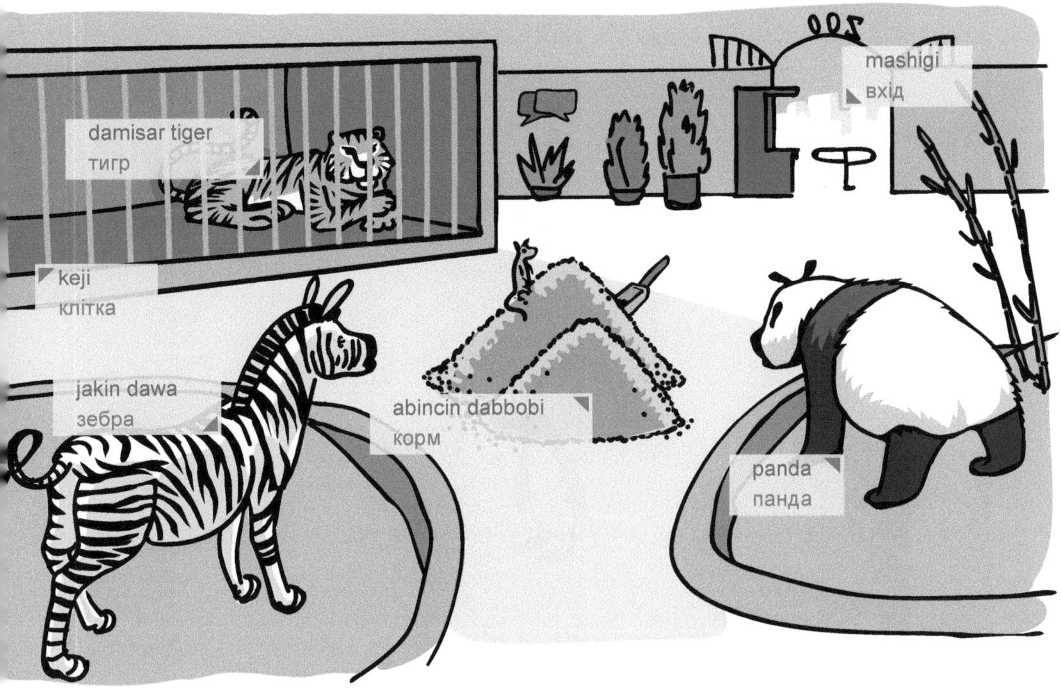
damisar tiger
тигр
mashigi
вхід
keji
клітка
jakin dawa
зебра
abincin dabbobi
корм
panda
панда

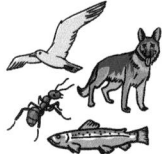

dabbobi

тварини

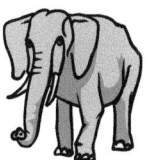

giwa

слон

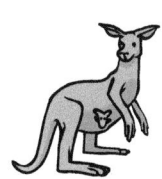

babba-da-jaka

кенгуру

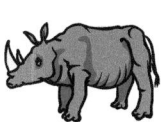

karkanda

носоріг

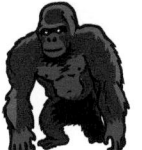

goggon biri

горила

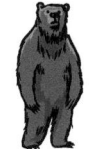

dabbar bear

ведмідь

rakumi

верблюд

jimina

страус

zaki

лев

biri

мавпа

dinya

фламінго

aku

папуга

bear ta yankin kankara

білий ведмідь

penguin

пінгвін

kifin shark

акула

dawisu

павич

maciji

змія

kada

крокодил

mai tsaro zu

працівник зоопарку

seal

тюлень

damisar jaguar

ягуар

dukushi

поні

damisar leopard

леопард

mugun dawa

гіпопотам

rakumin dawa

жираф

mikiya

орел

aladen daji

кабан

kifi

риба

kunkuru

черепаха

walrus

морж

dila

лисиця

barewa

газель

kwallon kafar Amurka
американський футбол

tseren keke
їзда на велосипеді

wasan tennis
теніс

kwallon kwando
баскетбол

ninkaya
плавання

dambe
бокс

kwallon gora na cikin kan
хокей

kwallon kafa
футбол

badiminton
бадмінтон

wasannin motsa jiki
легка атлетика

kwallon hannu
гандбол

wasan kan kankara
лижні перегони

kwallon dawaki
поло

yi dariya
сміятися

yi tsalle
стрибати

rungumi
обіймати

yi tattaki
йти

rera waka
співати

mafarki
мріяти

yi addu'a
молитися

sumbaci
цілувати

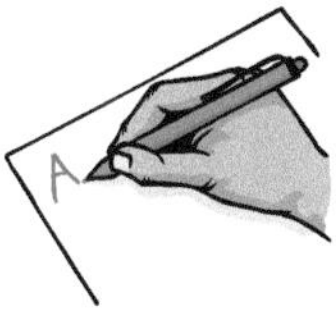

rubuta
писати

zana
малювати

nuna
показувати

tura
тиснути

bayar
давати

dauki
брати

sami

мати

yi

робити

kasance

бути

tsaya

стояти

gudu

бігати

jawo

тягнути

jefa

кидати

faduwa

падати

yi karya

лежати

jira

очікувати

dauki

носити

zauna

сидіти

sanya tufafi

одягати

yi barci

спати

farka

просипатися

kalli

дивитися

kuka

плакати

bugi

гладити

taje

розчісувати

yi magana

розмовляти

fahimci

розуміти

tambayi

питати

saurari

слухати

sha

пити

ci

їсти

tattare

прибирати

yi soyayya

любити

dafa

варити

yi tuki

їхати

tashi

літати

harkoki - дії

tafi a kwalekwale

йти під вітрилом

kwakuleta

рахувати

karanta

читати

koyi

вчитися

yi aiki

працювати

yi aure

одружуватися

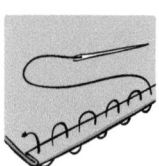

dinka

шити

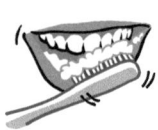

goge hakora

чистити зуби

kashe

убивати

busa taba

курити

aika

посилати

iyali
сім'я

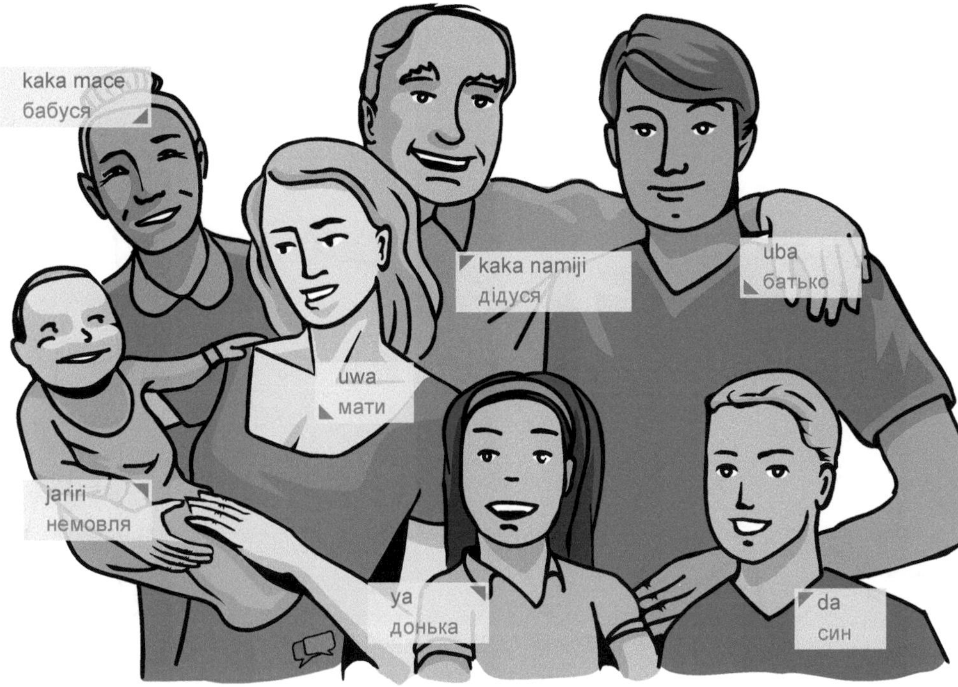
kaka mace
бабуся
kaka namiji
дідуся
uba
батько
uwa
мати
jariri
немовля
ya
донька
da
син

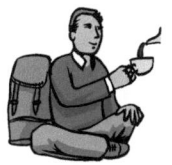

bako

гість

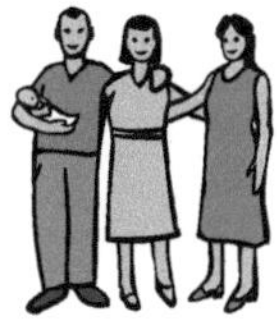

gwaggo

тітка

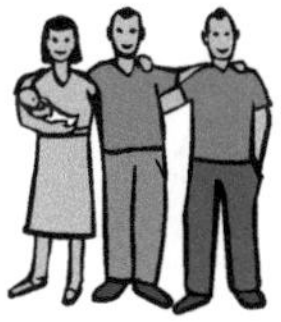

kawu

дядько

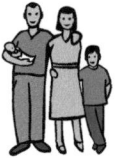

dan'uwa

брат

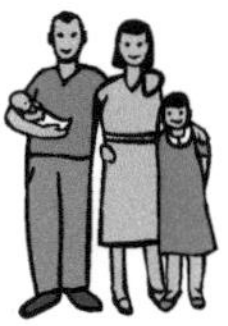

yar'uwa

сестра

jiki

тіло

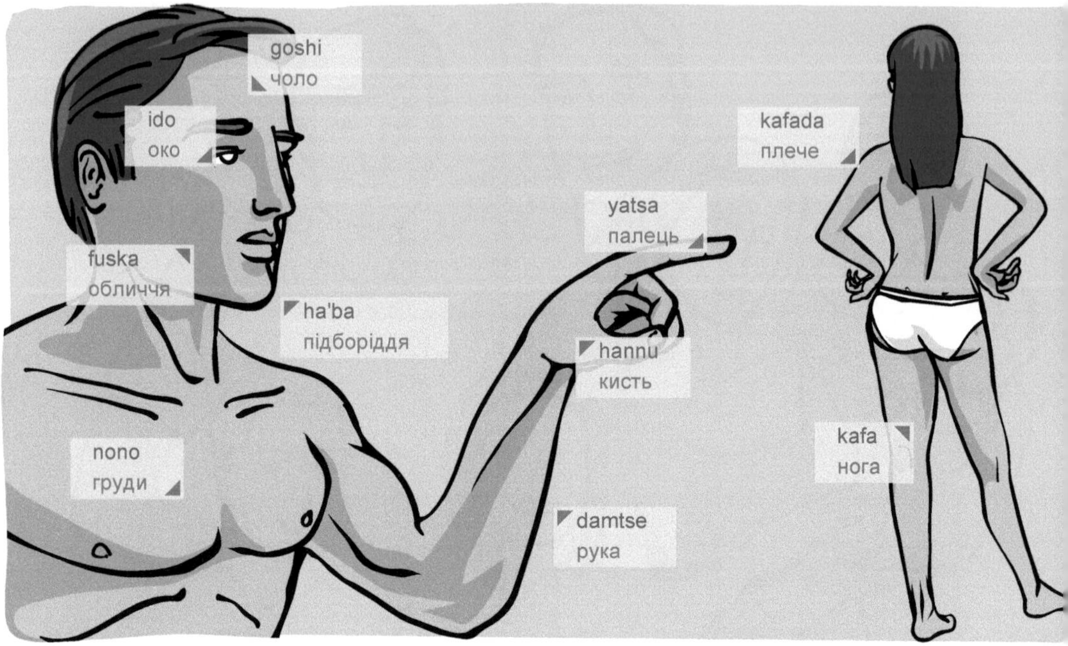
goshi
чоло
ido
око
kafada
плече
yatsa
палець
fuska
обличчя
ha'ba
підборіддя
hannu
кисть
kafa
нога
nono
груди
damtse
рука

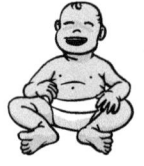

jariri
немовля

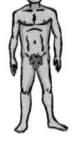

mutum
чоловік

mace
жінка

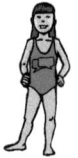

yarinya
дівчина

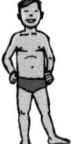

yaro
хлопчик

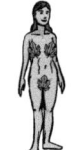

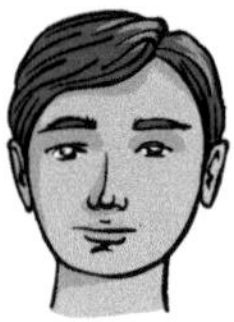
kai
голова

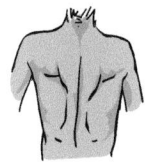

baya

спина

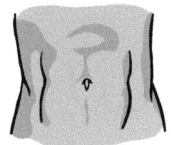

tulun ciki

живіт

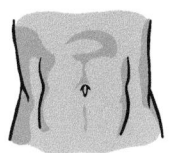

maballin ciki

пуп

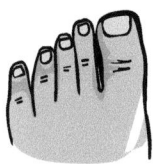

yatsan kafa

палець ноги

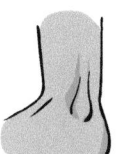

dudduge

п'ята

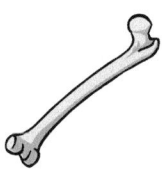

kashi

кістка

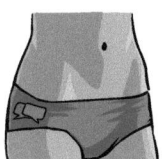

kugu

стегно

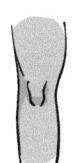

guiwa

коліно

guiwar hannu

лікоть

hanci

ніс

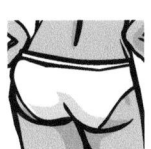

kasa

сідниці

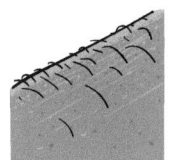

fata

шкіра

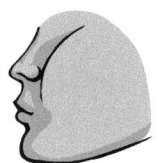

kumatu

щока

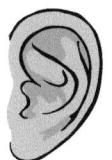

kunne

вухо

lebe

губа

wata

рот

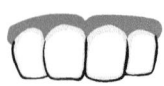

hakori

зуб

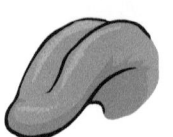

harshe

язик

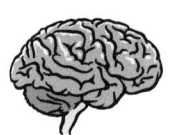

kwakwalwa

мозок

zuciya

серце

kwanji

м'яз

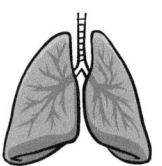

huhu

легені

hanta

печінка

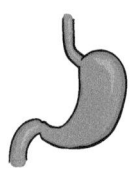

ciki

шлунок

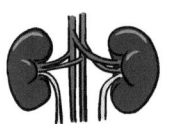

koda

нирки

jima'i

статевий акт

kwaroron roba

презерватив

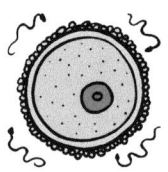

kwan mahaifa

яйцеклітина

maniyyi

сперма

juna-biyu

вагітність

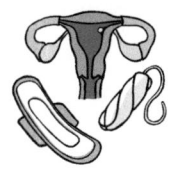

haila

менструація

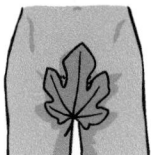

farji

вагіна

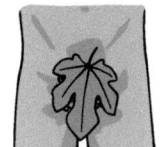

zakari

пеніс

gira

брова

gashi

волосся

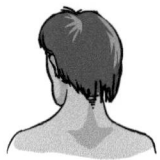

wuya

шия

asibiti
лікарня

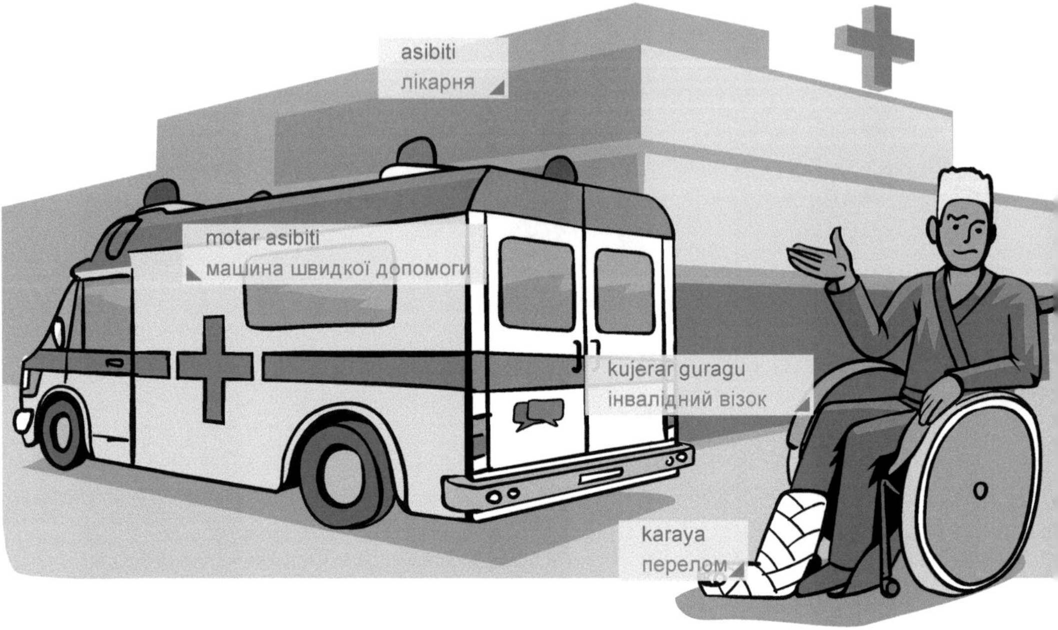

asibiti
лікарня
motar asibiti
машина швидкої допомоги
kujerar guragu
інвалідний візок
karaya
перелом

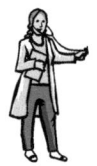

likita

лікар

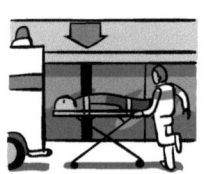

dakin kulawar gaggawa

відділення швидкої медичної допомоги

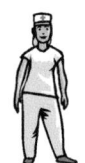

ma'aikaciyar jinya

медсестра

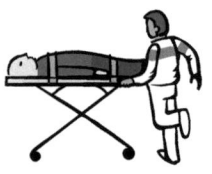

na gaggawa

аварійний випадок

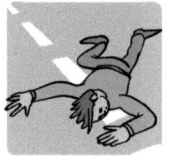

magashiyyan

непритомний

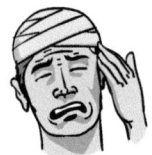

radadi

біль

rauni

травма

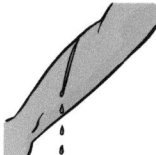

zubar jini

кровотеча

bugun zuciya

інфаркт

bugun jini

інсульт

kyan-jiki

алергія

tari

кашель

zazzabi

лихоманка

mura

грип

gudawa

пронос

ciwon kai

головна біль

cutar sankara

рак

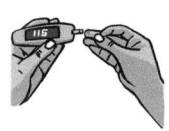

ciwon suga

діабет

likitan tiyata

хірург

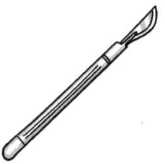

wukar likita

скальпель

tiyata

операція

asibiti - лікарня

CT

КТ

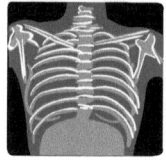

hoton kirji

рентген

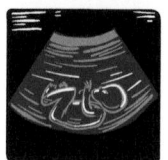

hoton ciki

ультразвук

marufin fuska

маска

cuta

хвороба

dakin jira

зал очікування

madogari

милиця

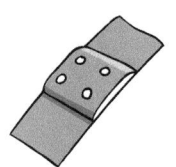

filasta

пластир

bandeji

пов'язка

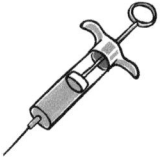

allura

ін'єкція

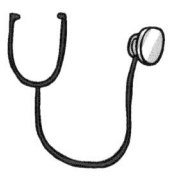

na'urar awon zuciya

стетоскоп

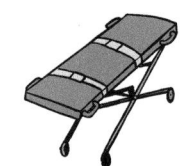

gadon daukar marar lafiya

ноші

na'urar auna zafin jiki

термометр

haihuwa

народження

yawan nauyi

надмірна вага

abin kara ji

слуховий апарат

sinadarin kashe kwayoyin cuta

дезінфікуючий засіб

kamuwar cuta

інфекція

kwayar cuta

вірус

Cutar Kanjamau

ВІЛ / СНІД

magani

медицина

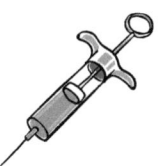

riga-kafi

вакцинація

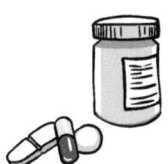

kwayoyin magani

таблетки

magani

протизаплідна пігулка

kiran gaggawa

екстрений виклик

ma'aunin hawan jini

тонометр

cuta / lafiya

хворий / здоровий

Taimako!

Допоможіть!

farmaki

напад

kararrawa

сигнал тривоги

hari

атака

hatsari

небезпека

kofar ko-takwana

аварійний вихід

Wuta!

Вогонь!

abin kashe wuta

вогнегасник

hadari

аварія

kayan taimakon gaggawa

аптечка

Neman taimako

СОС

dansanda

поліція

Turai

Європа

Amurka ta Arewa

Північна Америка

Amurka ta Kudu

Південна Америка

Afirka

Африка

Asiya

Азія

Australia

Австралія

Atlantika

Атлантика

Pacific

Тихий океан

Tekun Indiya

Індійський океан

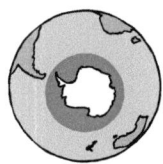

Tekun Antatika

Антарктичний океан

Tekun Arctic

Північний Льодовитий
океан

Barin duniya na Arewa

Північний полюс

Barin duniya na Kudu

Південний полюс

Antatika

Антарктика

Kasa

Земля

tsandauri

суша

kogi

море

tsibiri

острів

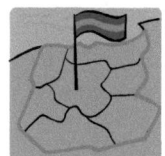

kasa

нація

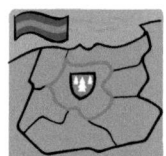

jiha

держава

fuskar agogo

циферблат

hannun awa

годинникова стрілка

hannun mintuna

хвилинна стрілка

hannun dakika

секундна стрілка

Karfe nawa yanzu?

Котра година?

rana

день

lokaci

час

yanzu

зараз

agogon dijita

цифровий годинник

minti

хвилина

awa

година

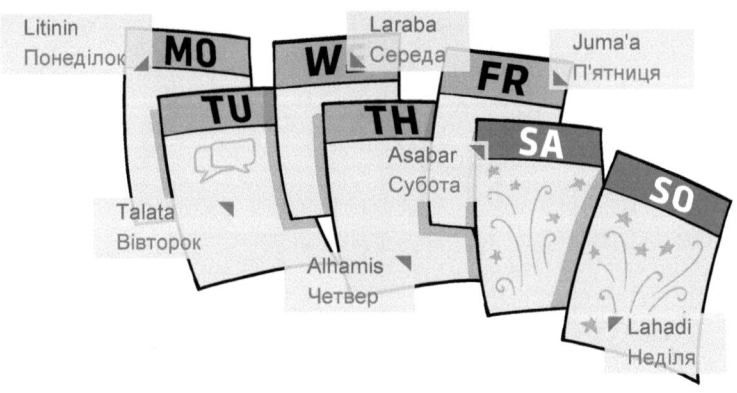

Litinin / Понеділок — MO

Talata / Вівторок — TU

W — Laraba / Середа

TH — Alhamis / Четвер

FR — Juma'a / П'ятниця

SA — Asabar / Субота

SO — Lahadi / Неділя

jiya

вчора

yau

сьогодні

gobe

завтра

safiya

ранок

tsakar rana

опівдні

yamma

вечір

MO	TU	WE	TH	FR	SA	SU
1	2	3	4	5	6	7
8	9	10	11	12	13	14
15	16	17	18	19	20	21
22	23	24	25	26	27	28
29	30	31	1	2	3	4

ranakun kasuwanci

робочі дні

MO	TU	WE	TH	FR	SA	SU
1	2	3	4	5	6	7
8	9	10	11	12	13	14
15	16	17	18	19	20	21
22	23	24	25	26	27	28
29	30	31	1	2	3	4

karshen mako

кінець робочого тижня

shekara

рік

ruwan sama
дощ
bakan-gizo
веселка
dusar kankara
сніг
iska
вітер
damina
весна
Kaka
осінь
bazara
літо
lokacin sanyi
зима

4.APRIL 11°
5.APRIL 4°
6.APRIL 13°
7.APRIL 8°
8.APRIL 10°

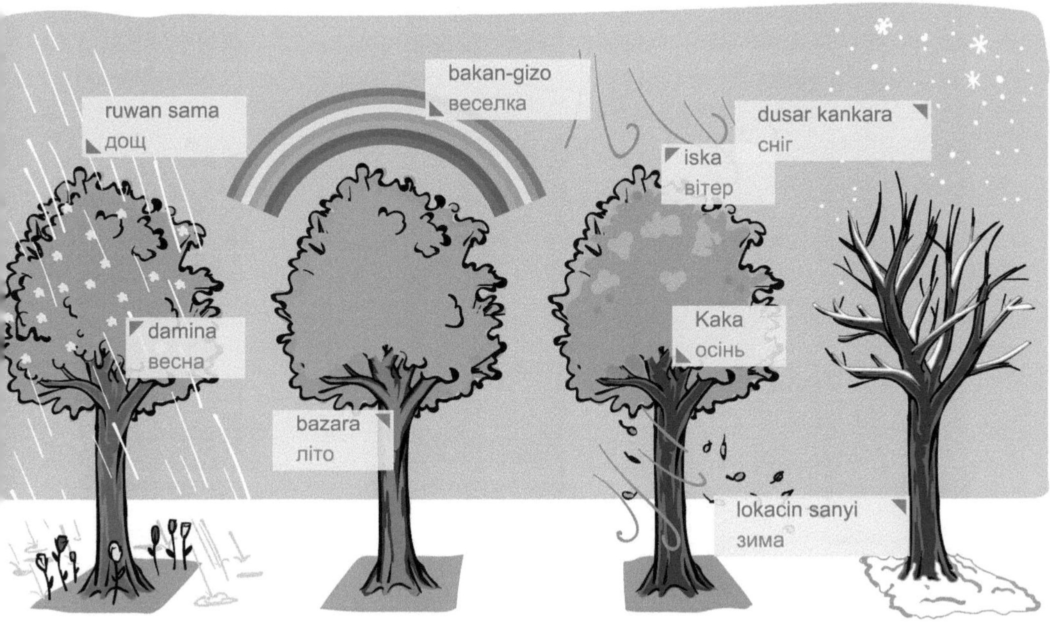

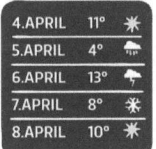

hasashen yanayi

прогноз погоди

F
C
120
90
60
30
0
-30
40
30
20
10
0
-10
-20

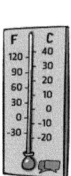

na'urar gwajin zafi da sanyi

термометр

hasken rana

сонячне світло

gajimare

хмара

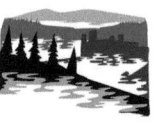

hazo

туман

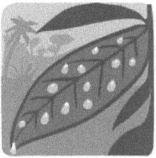

dumi

вологість повітря

walkiya

блискавка

aradu

грім

guguwa

шторм

kankarar ruwan sama

град

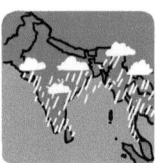

iskar bazara

мусон

ambaliyar ruwa

повінь

kankara

лід

Janairu

Січень

Fabarairu

Лютий

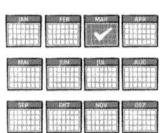

Maris

Березень

Afirilu

Квітень

Mayu

Травень

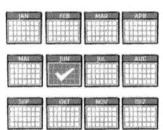

Yuni

Червень

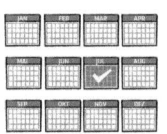

Yuli

Липень

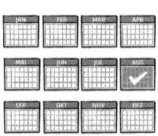

Agusta

Серпень

Satumba

Вересень

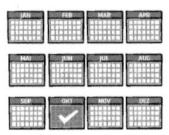

Oktoba

Жовтень

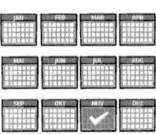

Nuwamba

Листопад

Disamba

Грудень

siffofi
форми

da'ira

круг

murabba'i

квадрат

kusurwa hudu

прямокутник

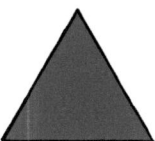

kusurwa uku

трикутник

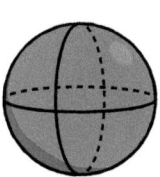

mulmulalle

куля

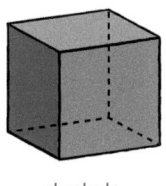

dunkule

куб

launuka

фарби

fari

білий

rawaya

жовтий

ruwan lemo

помаранчевий

ruwan shanshanbali

рожевий

ja

червоний

garura

фіолетовий

shudi

синій

kore

зелений

ruwan kasa

коричневий

ruwan toka

сірий

baki

чорний

da yawa / kadan

багато / мало

fushi / nutsuwa

лютий / мирний

kyakkyawa / mummuna

гарний / бридкий

farko / karshe

початок / кінець

babba / karami

великий / малий

mai haske / mai duhu

світлий / темний

dan uwa / 'yar uwa

брат / сестра

mai tsafta / kazami

чистий / брудний

cikakke / maras cika

завершений /
незавершений

rana / dare

день / ніч

matacce / mai rai

мертвий / живий

mai fadi / matsattse

широкий / вузький

na ci / ba na ci ba

їстівний / неїстівний

mugu / mai tausayi

злий / дружній

mai karsashi / gajiyayye

збуджений / нудьгуючий

kakkaura / siriri

товстий / тонкий

na farko / na karshe

спочатку / востаннє

aboki / makiyi

друг / ворог

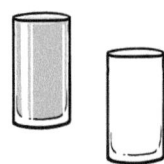

cikakke / holoko

повний / порожній

mai tauri / mai laushi

жорсткий / м'який

mai nauyi / marar nauyi

важкий / легкий

yunwa / kishin ruwa

голод / спрага

cuta / lafiya

хворий / здоровий

haramtacce / halastacce

незаконний / законний

mai basira / dakiki

розумний / дурний

hagu / dama

вліво / вправо

kusa / nesa

поруч / далеко

sabo / na-hannu

новий / використаний

ba komai / wani abu

нічого / щось

tsoho / yaro

старий / молодий

kunna / kashe

вкл / викл

a bude / a rufe

відкрито / закрито

shiru / kara

тихо / гучно

mai arziki / talaka

багатий / бідний

daidai / bata

правильно / неправильно

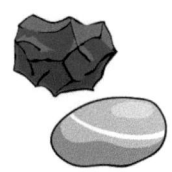

mai kaushi / mai santsi

шорсткий / гладкий

bakin ciki / farin ciki

сумний / щасливий

gajere / dogo

короткий / довгий

a sannu / da sauri

повільно / швидко

jikakke / busasshe

вологий / сухий

dumi / sanyi

гарячий / холодний

yaki / zaman lafiya

війна / мир

0

sifili

нуль

1

daya

один

2

biyu

два

3

uku

три

4

hudu

чотири

5

biyar

п'ять

6

shida

шість

7

bakwai

сім

8

takwas

вісім

9

tara

дев'ять

10

goma

десять

11

goma sha daya

одинадцять

12

goma sha biyu

дванадцять

13

goma sha uku

тринадцять

14

goma sha hudu

чотирнадцять

15

goma sha biyar

п'ятнадцять

16

goma sha shida

шістнадцять

17

goma sha bakwai

сімнадцять

18

goma sha takwas

вісімнадцять

19

goma sha tara

дев'ятнадцять

20

ashirin

двадцять

100

dari

сто

1.000

dubu

тисяча

1.000.000

miliyan

мільйон

Turanci

англійська

Turancin Amurka

американська англійська

Mandarin na China

китайська
високочиновницька

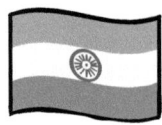

Hindi

хінді

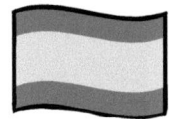

Sifaniyanci

іспанська

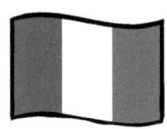

Faransanci

французька

Larabci

арабська

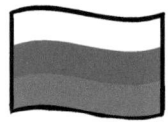

Yaren Rasha

російська

Yaren Portugal

португальська

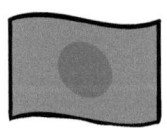

Bengali

бенгальська

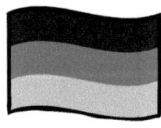

Yaren Jamus

німецька

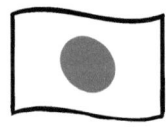

Yaren Japan

японська

ni

я

kai

ти

shi / ita / ita

він / вона / воно

mu

ми

ku

ви

su

вони

wa?

хто?

me?

що?

ya ya?

як?

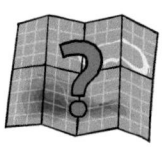

a ina?

де?

yaushe?

коли?

suna

ім'я

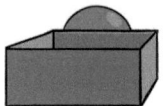

a baya

ззаду

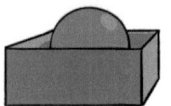

a ciki

в

a gaban

перед

saman

над

akai

на

karkashi

під

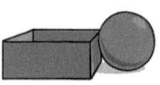

a gefe

біля

a tsakani

між

wuri

місце